Guide de Conversation d'Anglais de Voyage

500 Phrases & Expressions Utiles pour Vous Débrouiller avec Confiance à l'Étranger

Pierre Ray

Table des matières

Introduction 8

Section 1: Salutations 14

Section 2: Au Revoir 16

Section 3: Mots & Expressions Utiles 18

Section 4: Exprimer ses Besoins & Sentiments 22

Section 5: Politesse 24

Section 6: Faire la Conversation 26

Section 7: Apprendre à Connaître Quelqu'un 29

Section 8: Mots Descriptifs 32

Section 9: Nationalités 35

Section 10: Barrière Linguistique 38

Section 11: Demander de l'Aide 40

Section 12: Situations d'Urgence 41

Section 13: Santé 43

Section 14: Demander des Directions 45

Section 15: Donner des Indications 48

Section 16: Transport 50

Section 17: Acheter des Billets 51

Section 18: Bus & Tram 53

Section 19: Trains 54

Section 20: Location de Voitures et de Motos 55

Section 21: Panneaux Routiers 57

Section 22: Taxi 59

Section 23: Aéroport & Douanes........................... 60

Section 24: Bateau & Traversier............................ 63

Section 25: Vélos 64

Section 26: Logement... 65

Section 27: Shopping.. 68

Section 28: Restaurant.. 70

Section 29: Besoins Alimentaires & Allergies....... 74

Section 30: Météo 76

Section 31: Activités Touristiques & Culturelles .. 78

Section 32: Sports 80

Conclusion... 82

Références 85

INTRODUCTION

Imaginez un scénario où vous rencontrez un individu anglophone qui vous parle en français avec un accent prononcé. Vous le surprenez en disant "I'd like to speak English with you" *(J'aimerais parler anglais avec vous)*. Quel tête-à-tête inattendu et engageant cela mènerait à être!

Apprendre une nouvelle langue peut vous aider à ouvrir votre esprit à de nouveaux points de vue, à garder vos muscles mentaux affûtés, à stimuler votre cerveau et à connecter avec des personnes d'horizons culturels divers.

L'anglais est une langue très utile, populaire et belle qui capture une histoire et une culture riches. C'est la deuxième langue la plus parlée au monde, avec 983 millions anglophones au monde. C'est une langue officielle dans soixante-sept pays, dont les États-Unis, le

Canada, l'Angleterre, l'Australie et de nombreux pays en Afrique, Asie et Océanie.

Apprendre l'anglais peut vous aider à établir de nouvelles relations, à améliorer vos compétences en affaires en français, à découvrir l'histoire et la culture des anglophones, à visiter et même à résider dans les territoires anglais en toute confiance.

L'anglais est assez unique en raison de sa capacité à être extrêmement précis et logique, et lorsqu'il est utilisé à un niveau plus intime, il peut créer du contenu semblable à de la peinture. L'anglais a un équilibre subtil qui vous permet d'exprimer vos pensées avec élégance et précision pratiquement. Vous pouvez l'utiliser efficacement dans une composition poétique ou un argument philosophique.

Avantages d'Apprendre l'Anglais

Voici quelques avantages éprouvés de l'apprentissage de l'anglais.

1) Améliorer vos Compétences en Anglais des Affaires

En raison de la mondialisation, le monde est plus connecté économiquement de nos jours que jamais auparavant. Les organisations commerciales et les entreprises opèrent dans le monde entier. Ainsi, apprendre l'anglais est une évidence pour réussir. Il peut vous aider à vous connecter avec des collègues dans d'autres pays, à développer des liens solides avec des investisseurs et partenaires anglophones, à vous faire de nouveaux clients et à démontrer l'environnement multiculturel de votre organisation.

2) Stimuler votre Cerveau

Apprendre une nouvelle langue peut vous aider à élargir vos perspectives intellectuelles et à garder votre cerveau souple et vivant. Le processus d'apprentissage d'une nouvelle langue consiste à établir des liens entre les nouveaux mots et ce qu'ils symbolisent, à assembler et à démonter les structures grammaticales, à parler spontanément et à écouter activement. Si vous voulez stimuler votre cerveau, apprendre l'anglais est l'un des meilleurs moyens d'entraîner vos muscles mentaux.

L'apprentissage d'une nouvelle langue offre d'innombrables avantages cognitifs, même si vous ne maîtrisez pas entièrement la langue. Les avantages comprennent de meilleures compétences de négociation, le multitâche, la prise de décision, la planification, la créativité et l'observance. La recherche a révélé que ceux qui parlent plus de deux langues obtiennent souvent plus de résultats aux tests académiques.

Peu importe l'âge, le milieu économique / culturel ou le sexe, ceux qui sont bilingues ont tendance à retarder les maladies cérébrales comme la démence ou la maladie d'Alzheimer jusqu'à 4,5 ans. La recherche suggère qu'être bilingue peut aider à développer certaines zones cérébrales (réserve cognitive) qui contrôlent l'attention et les fonctions de prise de décision. Cela revient à participer à d'autres activités de stimulation cérébrale.

3) Appréciez la Culture Anglaise

Apprendre l'anglais permettra également de vous ouvrir au monde de la culture et des arts français. Lire la littérature d'auteurs anglais tels que Charles Dickens, Lewis Caroll et Agatha Christie peut vous faire découvrir la langue dans ses expressions les plus innées, poétiques et belles. Apprendre l'anglais vous aidera également à accéder à la culture anglophone, même à comprendre les célèbres dialogues de films anglais.

Apprendre l'Anglais pour les Voyages

Si vous prévoyez de visiter l'Angleterre ou tout pays anglophone, il serait utile d'apprendre quelques phrases de base, car seulement le français ne vous aidera pas beaucoup. Que vous passiez un court séjour ou un long séjour à l'étranger, l'apprentissage de phrases de base en anglais peut faire une grande différence dans votre voyage.

La meilleure façon d'apprendre ces phrases est d'utiliser notre *Guide de Conversation d'Anglais de Voyage :*

500 Phrases & Expressions Utiles pour Vous Débrouiller avec Confiance à l'Étranger.

Une fois que vous aurez parcouru l'intégralité de ce guide de conversation, vous saurez quelles sont les meilleures phrases à utiliser dans divers scénarios auxquels vous êtes susceptible de faire face en voyage. Vous apprendrez également à prononcer correctement les phrases, ce qui vous permettra d'interagir en toute confiance.

Nous espérons sincèrement que votre apprentissage de l'anglais va se dérouler rapidement, en douceur et facilement. Donc, sans plus tarder…

Let's get started!

SECTION 1: SALUTATIONS

Bonjour!

Hello!

Salut!

Hi!

Bon matin.

Good morning.

Bonsoir.

Good evening.

Bienvenue!

Welcome!

Comment allez-vous?

How are you?

Comment ça va?

How's it going?

Ça va?

Going well?

Ça va bien.

It's going well.

Et toi? Et vous?

And you? And yourself?

Monsieur.

Sir.

Madame.

Madam.

Mademoiselle.

Miss.

SECTION 2: AU REVOIR

À tout à l'heure! À toute!

See you later!

À bientôt!

See you soon!

Au revoir!

Goodbye!

Bonne journée!

Have a nice day!

Bon après-midi! Bon aprèm!

Have a nice afternoon!

Bonne soirée!

Have a nice evening!

Bonne nuit!

Good night!

Bon voyage!

Have a nice trip!

Bonnes vacances!

Have a nice vacation!

À demain!

See you tomorrow!

On se rejoint plus tard.

Let's meet later.

À quelle heure se retrouve-t-on?

What time shall we meet?

Amuse-toi!

Have fun!

Bonne fin de séjour!

Enjoy the rest of your stay!

Fais-moi signe si tu viens au Canada!

Let me know if you come to Canada!

Reste en contact!

Keep in touch!

SECTION 3: MOTS & EXPRESSIONS UTILES

Oui.

Yes.

Non.

No.

Peut-être.

Maybe.

D'accord.

Ok.

Parfois.

Sometimes.

Tout le temps.

All the time.

Jamais.

Never.

Bien sûr.

Of course.

C'est bon.

It's good.

Aujourd'hui.

Today.

Hier.

Yesterday.

Avant-hier.

The day before yesterday.

Demain.

Tomorrow.

Après-demain.

The day after tomorrow.

Quoi?

What?

Comment?

How?

Où?

Where?

Pourquoi?

Why?

Qui?

Who?

Combien?

How many?

Lequel?

Which one?

C'est vrai.

It's true.

C'est faux.

It's false.

Arrêtez!

Stop!

Fais attention!

Be careful!

Bien joué!

Well done!

Certainement.

Certainly.

Es-tu sérieux?

Are you serious?

C'est juste une blague.

It's just a joke.

Ça va prendre combien de temps?

How long will it take?

Tu fais quoi?

What are you doing?

Je suis prêt(e).

I am ready.

Voilà!

Here you go!

SECTION 4: EXPRIMER SES BESOINS & SENTIMENTS

C'était une journée agréable.

That was a lovely day.

C'était une soirée agréable.

It was a lovely evening.

Je me suis amusé.

I had fun.

Comment te sens-tu?

How are you feeling?

Je vais bien.

I am okay.

Je ne vais pas bien.

I am not okay.

J'ai faim.

I am hungry.

J'ai soif.

I am thirsty.

J'ai froid.

I am cold.

J'ai chaud.

I am hot.

Je suis fatigué(e).

I am tired.

J'ai sommeil.

I am sleepy.

Je vais faire une sieste.

I am going to take a nap.

Peux-tu me réveiller dans vingt minutes?

Can you wake me up in twenty minutes?

Ça me plaît.

I like it.

Ça n'a pas vraiment d'importance.

It doesn't really matter.

Ça ne me dit pas trop.

It doesn't really appeal to me.

Çela me rappelle…

This reminds me of…

SECTION 5: POLITESSE

Pardon.

Excuse me.

Excusez-moi!

Excuse me.

S'il-vous-plaît.

Please.

Merci.

Thank you.

Merci beaucoup.

Thank you very much.

De rien.

You're welcome.

Ça me fait plaisir.

It's my pleasure.

Je suis désolé.

I am sorry.

Désolé d'être en retard.

Sorry for being late.

Il n'y a pas de quoi.

It's nothing, don't mention it.

À tes souhaits.

Bless you.

C'est très gentil de ta part.

That's very kind of you.

C'est agréable.

It's nice.

Bonne chance!

Good luck!

Bravo!

Congratulations!

Bonne continuation!

All the best!

SECTION 6: FAIRE LA CONVERSATION

Vous venez d'ici?

Are you from here?

Ça fait combien de temps que vous vivez ici?

How long have you lived here for?

Où allez-vous?

Where are you going?

Où restez-vous?

Where are you staying?

Êtes-vous déjà allé…?

Have you ever been to…?

Est-ce votre première fois ici?

Is it your first time here?

C'est la première fois que je viens ici.

It's my first time here.

Je suis ici en vacances.

I am here on vacation.

Je voyage avec…

I am travelling with…

Ma copine.

My girlfriend.

Mon copain.

My boyfriend.

Ma fiancée.

My fiancée.

Mon fiancé.

My fiancé.

Ma femme.

My wife.

Mon mari.

My husband.

Ma fille.

My daughter.

Mon fils.

My son.

Mes enfants.

My kids.

Un groupe d'amis.

A group of friends.

Par moi-même.

On my own.

Vous avez une très belle famille!

You have a beautiful family!

Aimes-tu cette chanson?

Do you like this song?

Cette chanson me plaît.

I like this song.

SECTION 7: APPRENDRE À CONNAÎTRE QUELQU'UN

Comment tu t'appelles?

What is your name?

Je m'appelle...

My name is...

Enchanté(e).

Nice to meet you.

Quel âge as-tu?

How old are you?

J'ai trente ans.

I am thirty years old.

Tu fais quoi comme travail?

What do you do for work?

Je travaille en…

I work in…

Ventes.

Sales.

Enseignement.

Education.

Santé.

Health.

Tu étudies en quoi?

What are you studying?

Je fais des études…

I am studying…

En ingénierie.

Engineering.

En commerce.

Business.

En sciences sociales.

Social sciences.

As-tu des frères et soeurs?

Do you have siblings?

Es-tu marié(e)?

Are you married?

As-tu un(e) partenaire?

Do you a partner?

Que fais-tu pendant ton temps libre?

What do you do in your spare time?

J'aime lire des romans.

I like to read novels.

J'aime écouter des films.

I like to watch movies.

J'aime écouter et jouer de la musique.

I like to listen and play music.

Quels sont tes plans ce soir?

What are your plans tonight?

Allons ailleurs.

Let's go somewhere else.

Es-tu sur Facebook?

Are you on Facebook?

Est-ce que tu as Instagram?

Do you have Instagram?

C'est quoi ton numéro de téléphone?

What's your phone number?

Voudrais-tu aller prendre un verre?

Would you like to go have a drink?

Est-ce que tu veux sortir avec moi?

Would you like to go out with me?

Appelle-moi!

Call me.

Je vais t'appeler.

I'll call you.

SECTION 8: MOTS DESCRIPTIFS

Beau/belle.

Beautiful.

Joli(e).

Pretty.

Laid(e).

Ugly.

Drôle, marrant.

Funny.

Sympathique, sympa.

Nice.

Aimable.

Friendly.

Pénible.

Annoying.

Intelligent(e).

Smart.

Bête.

Stupid.

Généreux.

Generous.

Égoiste.

Selfish.

Amusant.

Fun.

Timide.

Shy.

Jeune.

Young.

Âgé(e).

Old.

Pauvre.

Poor.

Riche.

Rich.

Grand(e).

Big, tall.

Petit(e).

Small, short.

Paresseux.

Lazy.

Intéressant.

Interesting.

Cultivé(e).

Cultivated.

SECTION 9: NATIONALITÉS

Tu viens d'où?

Where are you from?

Je suis…

I am…

Américain(e).

American.

Australien(ne).

Australian.

Anglais(e).

British.

Brésilien(ne).

Brazilian.

Japonais(e).

Japanese.

Coréen(ne).

Korean.

Chinois(e).

Chinese.

Russe.

Russian.

Canadien(ne).

Canadian.

Je viens…

I am from…

Des États-Unis.

The United States.

De l'Australie.

Australia.

D'Angleterre.

England.

Du Brésil.

Brazil.

Du Japon.

Japan.

De la Corée.

Korea.

De la Chine.

China.

De la Russie.

Russia.

Du Canada.

Canada.

SECTION 10: BARRIÈRE LINGUISTIQUE

Parlez-vous français?

Do you speak French?

Je parle seulement français.

I only speak French.

Je ne parle pas français.

I do not speak French.

J'apprends l'anglais.

I am learning English.

Je comprends un peu l'anglais.

I understand some English.

Je parle un peu d'anglais.

I speak some English.

Comment dites-vous cela en anglais?

How do you say it in English?

Qu'est-ce que ça veut dire?

What does that mean?

Je comprends.

I understand.

Je ne comprends pas.

I do not understand.

Que voulez-vous dire?

What do you mean?

Je n'ai rien compris!

I didn't understand anything.

Parlez lentement, s'il vous plaît.

Speak slowly, please.

Pouvez-vous le répéter s'il vous plaît?

Can you repeat it please?

Encore une fois.

One more time.

Écrivez-le, s'il-vous plaît.

Write it down please.

Je ne sais pas.

I don't know.

SECTION 11: DEMANDER DE L'AIDE

Avez-vous l'heure?

Do you have the time?

Quelle heure est-il?

What time is it?

Pouvez-vous m'aider?

Can you help me?

Est-ce que je pourrais passer un appel?

Could I make a phone call?

Puis-je emprunter votre téléphone un moment?

Could I borrow your phone for a moment?

Pourriez-vous…

Could you…?

Avez-vous de l'eau?

Do you have water?

J'ai une question.

I have a question.

Pourriez-vous prendre une photo de nous?

Could you take a picture of us?

SECTION 12: SITUATIONS D'URGENCE

C'est une urgence.

It's an emergency.

J'ai perdu...

I've lost…

Mon passeport.

My passport.

Mon sac à dos.

My backpack.

Mon sac à main.

My purse.

Mon argent.

My money.

Mon portefeuille.

My wallet.

Mon téléphone.

My phone.

C'est un désastre!

It's a disaster.

J'ai un problème.

I have a problem.

Je suis perdu(e).

I am lost.

Je ne trouve pas mon ami(e).

I cannot find my friend.

À l'aide!

Help!

Attention!

Be careful!

Appelez la police!

Call the police!

Appelez une ambulance!

Call the ambulance!

Au feu!

Fire!

SECTION 13: SANTÉ

Je ne me sens pas très bien.

I don't feel very well.

J'ai besoin d'aller à l'hôpital.

I need to go to the hospital.

J'aimerais voir un médecin.

I'd like to see a doctor.

Il a besoin d'un médecin qui parle anglais.

He needs a doctor who speaks English.

Je suis malade.

I am sick.

J'ai mal à la tête.

My head hurts.

J'ai mal à la gorge.

My throat hurts.

J'ai mal au ventre.

My stomach hurts.

Je pense m'évanouir.

I think I will faint.

J'ai envie de vomir.

I feel like throwing up.

Je fais de la fièvre.

I have a fever.

Je transpire beaucoup.

I am sweating a lot.

Je n'arrive pas à dormir.

I can't sleep.

J'ai des crampes.

I have cramps.

J'ai pris des médicaments.

I took medication.

Depuis quand vous sentez-vous comme ça?

How long have you been feeling like this?

Vous avez besoin de repos.

You need rest.

SECTION 14: DEMANDER DES DIRECTIONS

Où est…

Where is…

L'hôtel.

The hôtel.

La banque.

The bank.

Le guichet automatique.

The ATM.

L'aréoport.

The airport.

La plage.

The beach.

La salle de bain.

The bathroom.

La toilette.

The toilet.

Je cherche…

I am looking for…

Un bon restaurant.

A good restaurant.

Un café.

A coffee shop.

Un café avec de l'internet.

A coffee shop with Wifi.

Une épicerie.

A grocery store.

Le centre-ville.

The city center.

Une pharmacie.

A pharmacy.

La station de métro la plus proche.

The nearest metro station.

Un bus pour aller à...

A bus to go to...

Un taxi.

A taxi.

La gare.

The train station.

L'hôpital.

The hospital.

Un bar.

A bar.

Comment faire pour y aller?

How do I get there?

Comment ça s'écrit?

How do you spell it?

Où sommes-nous?

Where are we?

Est-ce que vous pourriez m'indiquer le chemin pour aller à…

Could you show me the way to go to…?

Est-ce que c'est loin?

Is it far?

Est-ce que c'est proche?

Is it close?

C'est à combien de temps en taxi?

How far is it by taxi?

C'est loin en tramway?

Is it far by tram?

Ça se fait bien à pied?

Is it doable by foot?

SECTION 15: DONNER DES INDICATIONS

C'est à gauche.

It's on the left.

C'est à droite.

It's on the right.

C'est tout droit.

It's straight ahead.

C'est à l'est.

It's east.

C'est à l'ouest.

It's west.

C'est au nord.

It's north.

C'est au sud.

It's south.

C'est ici.

It's here.

C'est là.

It's there.

C'est loin.

It's far.

C'est proche.

It's close.

C'est près d'ici.

It's near here.

C'est à côté de…

It's beside…

Au bout de…

At the end of…

Au coin de…

At the corner of…

C'est à cinq minutes à pied.

It's five minutes away by foot.

C'est à cinq minutes en voiture.

It's five minutes away by car.

On y va à pied.

We are walking there.

SECTION 16: TRANSPORT

À quelle heure part...

What time does the... leave?

L'avion.

Plane.

La voiture.

Car.

Le bus.

Bus.

Le train.

Train.

Traversier.

Ferry.

Le tramway.

Le tram.

SECTION 17: ACHETER DES BILLETS

Est-ce qu'on doit réserver nos billets en avance?

Do we need to get our tickets in advance?

J'aimerais annuler mon billet.

I'd like to cancel my ticket.

Où peut-on acheter un billet?

Where can I buy a ticket?

Est-ce que je peux avoir un plan du métro?

Can I have a map of the subway?

Je voudrais regarder l'horaire.

I would like to look at the schedule.

Je voudrais acheter un billet simple.

I would like to buy a one way ticket.

Je voudrais acheter un billet aller-retour.

I would like to buy a round-trip ticket.

Combien de temps dure le voyage?

How long does the journey take?

Il faut se présenter à quelle heure?

When do I need to arrive?

C'est complet.

It's full.

SECTION 18: BUS & TRAM

À quelle heure arrive le bus?

At what time is the bus coming?

Dois-je prendre une correspondance?

Do I need to take a transfer?

C'est à quelle station?

Which station is it at?

Cette place est-elle libre?

Is this seat free?

C'est ma place.

This is my seat.

Combien de temps-faut-il attendre?

How long do we have to wait here?

Je veux descendre…

I want to get off…

SECTION 19: TRAINS

De quel quai part le train?

Which platform does the train leave from?

Les passagers doivent changer de métro au prochain train.

Passengers must get off at the next stop to change trains.

Est-ce que ce train s'arrête au centre-ville?

Does this train stop at the City Center?

SECTION 20: LOCATION DE VOITURES ET DE MOTOS

J'aimerais louer....

I'd like to rent…

Une voiture automatique.

An automatic car.

Une voiture manuelle.

A manual car.

Une moto.

A motorcycle.

Quel est le tarif par jour?

What's cost per day?

Quel est le tarif pour une semaine?

What's the cost for a week?

Est-ce que je peux la retourner dans une autre ville?

Can I return it in another city?

Est-ce qu'il y a un dépôt de sécurité?

Is there a security deposit?

Faut-il payer une caution?

Is there a bond?

Voici mon permis de conduire.

Here's my driver's license.

Avez-vous des assurances de véhicule?

Do you have car insurance?

Combien de temps puis-je me garer ici?

How long can I park here?

Est-ce qu'il y a une station-service proche d'ici?

Is there a gas station nearby?

SECTION 21: PANNEAUX ROUTIERS

Entrée.

Entrance.

Sortie.

Exit.

Arrêt.

Stop.

Sens unique.

One way.

Sens interdit.

No entry.

Route barrée.

Road closed.

Ralentir.

Slow down.

Cédez le passage.

Give way.

Péage.

Toll.

Passage piétons.

Pedestrian crossing.

Aire de repos.

Rest area.

Travaux.

Road works.

Limitation de vitesse.

Speed limit.

Déviation.

Detour.

SECTION 22: TAXI

J'ai besoin d'un taxi.

I need a taxi.

Je suis en retard.

I am late.

Je veux aller à l'aéroport.

I want to go to the airport.

C'est combien pour aller à…?

How much is it to go to…?

Est-ce que vous pourriez me déposer ici, s'il-vous-plaît?

Could you drop me off here please?

SECTION 23: AÉROPORT & DOUANES

Où est l'enregistrement des bagages?

Where is the check-in desk?

Combien de bagages avez-vous?

How many luggages do you have?

Puis-je voir votre passeport?

Could I see your passport?

Voici ma pièce d'identité.

Here's my identity card.

Quand part le vol?

When does the flight leave?

Pourquoi voyagez-vous?

Why are you travelling?

Je suis ici pour un voyage d'affaires.

I am here on a business trip.

Je suis ici en vacances.

I am here on holiday.

Je suis ici pour les études.

I am here for school.

Je suis ici de passage.

I am in transit.

Pour combien de jours partez-vous?

How many days are you going for?

Je suis ici pour…

I am here for…

Cinq jours.

Five days.

Deux semaines.

Two weeks.

Un mois.

One month.

Vous voyagez…

Are you travelling…

Seul.

Alone.

En famille.

With your family.

Je n'ai rien à déclarer.

I have nothing to declare.

J'ai quelque chose à déclarer.

I have something to declare.

Où restez-vous à votre destination?

Where are you staying at your destination?

On est-ce qu'on récupère les bagages?

Where's the luggage claim?

Il me manque une valise.

I am missing one suitcase.

SECTION 24: BATEAU & TRAVERSIER

Puis-je amener ma voiture sur le traversier?

Can I bring my car on the ferry?

Est-ce qu'il y a des gilets de sauvetage?

Are there life jackets?

J'ai le mal de mer.

I feel sea sick.

SECTION 25: VÉLOS

J'aimerais louer un vélo.

I'd like to rent a bike.

Est-ce qu'il y a des pistes cyclables?

Are there any bicycle paths?

Est-ce que je dois porter un casque?

Do I need to wear a helmet?

J'ai besoin d'un cadenas à vélo.

I need a bike lock.

SECTION 26: LOGEMENT

Avez-vous une chambre disponible pour ce soir?

Do you have a room available for tonight?

Avez-vous un appartement à louer?

Do you have an apartment for rent?

Avez-vous une chambre à louer?

Do you have a room for rent?

Avez-vous une maison à louer?

Do you have a house for rent?

Avez-vous une villa à louer?

Do you have a villa for rent?

Est-ce qu'il y a une salle de bain privée?

Is there a private bathroom?

Combien coûte la chambre pour la nuit?

How much is the room for the night?

Avez-vous quelque chose de moins cher?

Do you have something cheaper?

Est-ce que je peux la voir?

Can I see it?

Est-ce que le petit-déjeuner est inclus?

Is breakfast included?

Avez-vous de l'électricité?

Do you have electricity?

Vous avez une machine à laver?

Do you have a washing machine?

Est-ce qu'il y a de climatisation?

Is there air conditioning?

Est-ce qu'il y a de l'Internet gratuit ici?

Is there free internet here?

Avez-vous le mot de passe pour l'internet?

Do you have the Wifi code?

Je voudrais une chambre pour deux.

I would like a double room.

Je voudrais annuler ma réservation.

I would like to cancel my reservation.

C'est trop bruyant!

It's too noisy.

Pouvez-vous venir nettoyer ma chambre?

Could you come clean my room?

Ce drap n'est pas propre.

This sheet isn't clean.

À quelle heure faut-il quitter la chambre?

At what time must we check out?

SECTION 27: SHOPPING

Où sont les magasins?

Where are the shops?

Où est le centre-commercial?

Where is the mall?

Est-ce que je peux payer avec...

Can I pay with…

Une carte de crédit?

A credit card?

Une carte de débit?

A debit card?

Des chèques de voyages?

A traveler's cheque?

Est-ce qu'il y a des réductions pour les étudiants?

Are there any deals for students?

Je cherche une carte postale.

I am looking for a postcard.

Ça coûte combien?

How much does it cost?

C'est trop cher!

It's too expensive!

C'est cassé.

It's broken.

Allons-nous acheter cela?

Will we buy this?

C'est gratuit.

It's free.

Changez-vous de l'argent?

Do you change money?

Je vais prendre cent grammes.

I'll take 100 grams.

Donnez-nous en un kilo s'il-vous-plaît.

Please give us a kilo.

SECTION 28: RESTAURANT

Le petit-déjeuner.

Breakfast.

Le déjeuner.

Lunch.

Le dîner.

Dinner.

Le goûter.

Afternoon snack.

Une table pour deux s'il-vous-plaît.

A table for two please.

Nous avons une réservation à sept heures.

We have a 7pm reservation.

Le menu, s'il-vous-plaît.

The menu, please.

La carte de vin, s'il-vous-plaît.

The wine menu, please.

Est-ce que vous voulez quelque chose à boire pour commencer?

Would you like something to drink to start with?

Je voudrais….

I'd like…

Un café.

A coffee.

Un verre de bière.

A glass of beer.

Un jus.

A juice.

Un verre de vin rouge.

A glass of red wine.

Une bouteille de vin blanc.

A bottle of white wine.

Est-ce que je pourrais avoir un verre d'eau?

Could I have a glass of water?

De l'eau plate ou de l'eau gazeuse?

Still or sparkling water?

Encore quelques minutes s'il-vous-plaît.

A few more minutes please.

Est-ce que vous avez choisi?

Have you chosen already?

Quel est le plat du jour?

What is the meal of the day?

Nous sommes prêts à commander.

We are ready to order.

Je vais prendre…

I will have...

Bon appétit!

Enjoy your meal!

Santé!

Cheers!

Est-ce que je peux avoir une serviette?

Can I have a napkin?

Veux-tu goûter à mon plat?

Do you want to try my meal?

T'en veux-un peu?

Do you want some?

Oui, je veux bien.

Yes, I'd like some.

C'était délicieux!

It was delicious.

Ça a un drôle de goût!

It tastes funny.

Autre chose?

Something else?

L'addition, s'il vous plaît.

The bill, please.

SECTION 29: BESOINS ALIMENTAIRES & ALLERGIES

Êtes-vous allergique à quelque chose?

Are you allergic to something?

Je ne peux pas manger…

I cannot eat…

Je ne mange pas de noix.

I do not eat nuts.

Je ne mange pas de gluten.

I do not eat gluten.

Je ne mange pas de fruits de mer.

I do not eat shellfish.

Je ne mange pas d'oeufs.

I do not eat eggs.

Je ne mange pas de poisson.

I do not eat fish.

Je ne mange pas de produits laitiers.

I do not eat dairy products.

Je ne mange pas de viande.

I do not eat meat.

Je suis végétarien/végétarienne.

I am vegetarian.

Je suis végétalien/végétalienne.

I am vegan.

Je ne consomme pas de produits animaux.

I do not eat animal products.

Est-ce que je peux commander ce plat sans beurre?

Can I order this dish without butter?

Est-ce que je peux commander ce plat sans oeufs?

Can I order this dish without eggs?

Je vais prendre ce plat sans viande.

I'll have this dish without meat.

Avez-vous du lait de soya?

Do you have soy milk?

Avez-vous des plats casher?

Do you have kosher plates?

Avez-vous des plats halal?

Do you have halal plates?

Avez-vous des produits de commerce équitable?

Do you have fair trade products?

SECTION 30: MÉTÉO

Quel temps fait-il?

How's the weather?

Il fait combien aujourd'hui?

What's the temperature today?

Il fait quel temps dehors?

What's the weather outside?

Il fait soleil.

It is sunny.

Il pleut.

It is raining.

Il neige.

It is snowing.

Il y a du vent.

It is windy.

Il fait froid.

It is cold.

Il fait chaud.

It is hot.

Il fait bon.

It's nice out.

Il fait mauvais.

It's bad weather.

Il fait beau.

It's beautiful out.

Il fait doux.

It's mild.

C'est nuageux.

It's cloudy.

C'est orageux.

It's stormy.

À quelle heure est-ce que la nuit tombe?

What time does it get dark?

À quelle heure est-ce que le soleil se lève?

At what time does the sun get up?

À quelle heure est la marée basse?

What time is low tide?

À quelle heure est la marée haute?

What time is high tide?

SECTION 31: ACTIVITÉS TOURISTIQUES & CULTURELLES

Avez-vous des informations sur les activités sur les sites de la région?

Do you have information on local sights?

Qu'est-ce que vous me recommander de visiter?

What do you recommend for me to visit?

C'est quand la prochaine visite?

When is the next visit?

C'est une exposition de…

It's an exhibit of…

Combien coûte l'entrée?

How much is the entry fee?

Ça date de quand?

How old is it?

Ça ferme à quelle heure?

At what time does it close?

Ça ouvre à quelle heure?

At what time does it open?

Combien de temps dure la visite?

How long is the visit?

Est-ce que je peux prendre des photos?

Can I take pictures?

J'aimerais avoir une carte de la région.

I'd like a local map.

Qu'est-ce que t'en as pensé?

What did you think of it?

J'ai trouvé ça…

I thought it was…

Incroyable.

Incredible.

Étrange.

Strange.

Magnifique.

Stunning.

Vraiment beau.

Very beautiful.

Un peu bizarre.

A little weird.

Ça m'a fait penser à…

It reminded me of…

SECTION 32: SPORTS

Veux-tu aller voir un match?

Would you like to go to a game?

Où est le match?

Where is the game?

C'était un bon match.

It was a good game.

C'était un mauvais match.

It was a bad game.

Avez-vous des douches?

Do you have shower facilities?

Tu veux jouer avec nous?

Do you want to play with us?

Je suis blessé(e).

I have an injury.

Est-ce qu'il peut participer?

Can he join in?

Ou est-ce qu'on peut laisser nos vélos?

Where can we leave our bikes?

Est-ce qu'il y a des randonnées organisées?

Are there any organized hikes?

Le sentier fait combien de kilomètres?

How long is the trail?

Est-ce sécuritaire?

Is it safe?

CONCLUSION

Si vous êtes arrivé jusqu'ici, nous pensons que notre guide de conversation a valu la peine d'être lu. Nous pensons également qu'il est plus facile d'apprendre une nouvelle langue avec un guide de conversation plutôt que de lire un livre de grammaire linguistique colossal ou de suivre des cours. Pour les débutants, en particulier, les phrases fixes sont la meilleure chose car l'objectif principal de l'apprentissage des langues est de communiquer.

Apprendre l'anglais grâce à notre guide de conversation vous exposera à d'innombrables possibilités de voyager, de découvrir ou d'explorer les communautés anglophones à travers le monde. Il vous offre la chance de vous épanouir dans la richesse de la culture anglaise. Il vous développe également en tant qu'humain. Diverses études ont révélé un changement de personnalité chez les individus qui sont passés d'une langue à une autre. L'apprentissage de la langue vous fera découvrir une partie de votre personnalité que vous n'aviez jamais connue auparavant.

Apprendre l'anglais grâce à notre guide de conversation vous offrira un passeport pour un tout nouveau monde. Vous serez non seulement capable de naviguer dans de nouvelles destinations en lisant et en comprenant les menus, les panneaux de signalisation et les billets de train, vous vous connecterez également avec les nouvelles personnes intéressantes que vous rencontrez en cours de route en toute confiance.

Apprendre une langue locale est le meilleur moyen d'explorer et de découvrir une nouvelle destination. Il vous permet de vous éloigner des sites touristiques ternes habituels et de découvrir le monde réel à travers les yeux de locuteurs natifs.

Que ce soit dans les rues romantiques de Londres ou les plages sereines de Maui, notre guide de conversation vous aidera à sortir des sentiers battus et à découvrir une toute nouvelle partie du monde.

Et cela met fin à notre guide de conversation! Nous croyons sincèrement que ce guide de conversation vous aidera sûrement à apprendre efficacement et facilement les phrases anglaises courantes.

Les avantages de l'apprentissage de l'anglais sont au-delà de toute mesure. Vous méritez d'acquérir cette capacité et de l'utiliser de la manière la plus avantageuse.

Merci & Have an Amazing Trip!

RÉFÉRENCES

BENNY, B. (n.d.). 25 Essential French Phrases for Travelers and Tourists. Retrieved from https://www.fluentin3months.com/french-phrases-for-travelLearn French. (n.d.). Retrieved from https://www.babbel.com/learn-french

AMARQUE, H. (n.d.). Need to Pack a French Phrasebook? 6 Top Titles Conveniently Organized for Fast Flipping. Retrieved from https://www.fluentu.com/blog/french/french-phrasebook/

Graff-Radford, J. (2019, April 20). Benefits of being bilingual: Delay Alzheimer's? Retrieved from https://www.mayoclinic.org/diseases-conditions/alzheimers-disease/expert-answers/benefits-of-being-bilingual/faq-20058048

www.ingramcontent.com/pod-product-compliance
Lightning Source LLC
Chambersburg PA
CBHW031216160726
47992CB00006B/2756